AF262431

DE LA SITUATION

DES

GENS DE COULEUR LIBRES

AUX ANTILLES FRANÇAISES.

DE LA SITUATION

DES

GENS DE COULEUR

LIBRES,

AUX ANTILLES FRANÇAISES.

Domine deus meus inte speravi: salvum me fac ex omnibus persequentibus me, et libera me.

Seigneur, je mets en toi ma confiance; sauve-moi de mes persécuteurs, et délivre-moi de leurs mains. DAVID, *Pseaume VII, vers. 2.*

PARIS.

DE L'IMPRIMERIE DE J. MAC CARTHY,

QUAI DES AUGUSTINS, n° 17.

1823.

DE LA SITUATION

DES

GENS DE COULEUR

LIBRES

AUX ANTILLES FRANÇAISES.

LA France possède depuis quelque temps une législation basée sur la justice et l'équité. La *Guadeloupe* et la *Martinique* lui appartiennent, et cependant les *gens de couleur libres* de ces deux colonies ne jouissent pas encore des droits que la Charte semble garantir à tous les sujets de Sa Majesté. Quelle peut en être la cause? Est-ce qu'on nous donnerait pour raison que ce sont les lois mêmes du pays qui les privent des droits qu'ils réclament? Mais n'avons-nous pas vu, en France, à une époque peu reculée de nos jours, la sagesse de nos rois faire disparaître, avec les abus de la féodalité, toutes les lois iniques (1) qui oppri-

____

(1) Telles que la corvée, la main-morte, etc.

maient une partie de la nation? Pourquoi ne ferait-on pas dans nos colonies ce qui a été fait en France? Est-ce que les préjugés, dont la législation portait jadis l'empreinte, auraient en Amérique une source plus sacrée qu'en Europe?

Depuis l'heureux avénement de Sa Majesté au trône de ses ancêtres, des commissaires ont été envoyés dans nos colonies d'Amérique à diverses époques; mais quel a été le résultat de leurs missions? Malheureusement elles n'en ont eu aucun jusqu'à ce jour; car la position des *gens de couleur libres* n'a point été améliorée; et l'avenir, qu'ils n'envisagent qu'avec effroi, ne leur promet encore que des jours pleins d'amertume et d'humiliation.

La caste privilégiée persisterait-elle à conserver ses révoltantes prérogatives? On ne devrait cependant pas oublier quelles ont été les funestes causes qui nous ont ravi la plus belle de nos colonies.

Il est donc essentiel de s'occuper du sort d'une classe aussi utile que laborieuse, et qui s'accroît de jour en jour. Les *gens de couleur libres* demandent donc, au nom de la justice et de l'humanité, la destruction des lois exceptionnelles qui les régissent, et qu'on leur donne une législation en harmonie avec l'état actuel de la civilisation.

On ne motivera pas, sans doute, sur leur origine, un déni de justice. Au reste, elle n'a rien qui puisse la rabaisser au-dessous de celle des flibustiers, des boucaniers, des engagés ou des hommes flétris par l'opinion (1), qui ont composé la primitive population blanche des colonies, et dont les orgueilleux descendans forment aujourd'hui la *caste privilégiée*. Afin de nous en convaincre, remontons à la source, et nous verrons si elle est aussi impure qu'on affecte de le croire. Les Européens, ne pouvant se multiplier dans le climat insalubre des Antilles, se virent forcés de remplacer, par des esclaves exportés d'Afrique, les indigènes qu'ils avaient massacrés. Plusieurs de ces esclaves obtinrent, par la suite, la liberté : les uns, comme une récompense due à une conduite honorable, et les autres en se rachetant eux - mêmes du produit de leurs épargnes.

____

(1) Il est dit dans les Annales du conseil souverain de la Martinique, que la plupart des Européens qui composaient la première colonie de cette île, étaient les uns des va-nu-pieds, et les autres des échappés de prisons ; qu'ils se livraient à l'ivrognerie, etc.

Confondus avec les enfans issus de races européenne et africaine, ils formèrent la classe de *gens de couleur libres*, dénomination qui comprend toutes les nuances, depuis le blanc jusqu'à l'Africain.

Cette classe, d'abord insignifiante, ayant progressivement acquis de l'importance, devint l'objet d'injustes préventions; et les blancs, à qui elle devait en partie son origine, ainsi qu'on vient de le démontrer, la flétrirent par des lois aussi haineuses qu'impolitiques, lois sous le poids desquelles elle gémit encore.

L'exposé de l'origine des *gens de couleur libres* nous mène naturellement à faire connaître le système d'injustices et d'oppression dont ils se plaignent, persuadés que le gouvernement, dont ils réclament la justice, n'a besoin que d'être éclairé pour leur faire droit. En effet, comment supposer qu'il tolérerait que ces mêmes *gens de couleur, libres* qui jouissent en France des droits civils et politiques, soient condamnés à des distinctions iniques, dans le lieu même de leur naissance, dans le lieu où l'Européen flétri va souvent trouver l'impunité, et augmenter le nombre des privilégiés.

Au reste, qu'a-t-on à leur reprocher dans

les colonies? Leur conduite y défie la censure ; ils puisent dans la religion le mobile de leurs actions ; ils sont soumis aux lois, et connaissent les règles immuables de l'honneur, dont ils ne s'écarteront jamais; voilà leur profession de foi ! Que l'on nous dise maintenant pourquoi on les prive des droits que l'on accorde aux Indiens dans nos colonies d'Asie (1). On ne poussera pas sans doute l'absurdité jusqu'à donner pour motif les nuances du teint ou la forme des traits africains.

Ainsi, ce n'est donc plus qu'à la Martinique et à la Guadeloupe que se fait sentir l'influence du préjugé de la naissance ou de la couleur : influence, qui a été reconnue si injuste et si pernicieuse dans différentes contrées, et surtout en France, où le roi, dans le calme d'une profonde sagesse, l'a anéantie en nous donnant le Code immortel de nos lois. Aujourd'hui, tout Français, quel qu'il soit, trouve dans la Charte un asile inviolable contre les vexations de l'homme puissant, et peut, avec des

---

(1) L'Américain indigène possède tous les droits civils et politiques, et obtient même des titres de noblesse. A St.-Domingue, les *hommes de couleur* sont les premiers magistrats de l'état. Ils jouissent de tous les droits civils et politiques dans les colonies espagnoles régénérées, de tous les droits civils et d'une partie des droits politiques dans les Antilles anglaises.

vertus ou des talens, arriver aux premières charges de l'état. Mais il n'en est pas de même d'une partie des sujets de Sa Majesté en Amérique : ils y sont tout à-la-fois exclus des emplois honorables, et exposés à tous les caprices et à toutes les avanies de la *caste privilégiée*, qui redoute leur industrie et leur intelligence.

Si nous entrions dans des détails sur les distinctions ignominieuses auxquelles ils sont condamnés, nous verrions les *hommes de couleur libres* qui, marchant à la tête de nos bataillons, ont vaincu à Lodi, Marengo, Austerlitz, Jéna, etc. Nous les verrions, ces guerriers dont le bras a sauvé la patrie, impunément abreuvés d'humiliations s'ils osaient aller saluer leur toit paternel !

On a sans doute de la peine à concevoir comment cette caste, dont l'origine et les prérogatives n'ont pas une source fort glorieuse ni fort respectable, ose afficher dans nos colonies de si hautes, de si ridicules, et souvent de si iniques prétentions. Cependant, rien de si ordinaire que de voir ceux qui la composent exercer les plus basses vengeances, persécuter, par les plus dégoûtantes vexations, les *gens de couleur libres*, et s'enorgueillir de l'impunité que leur assurent leurs priviléges, et que leur accordent les tribunaux, qui ne savent guère qu'absoudre ou excuser.

On pourrait supposer, d'après ce que nous venons de dire, qu'il n'y a jamais eu de lois protectrices dans nos colonies; il n'en est cependant pas ainsi, et les premières ordonnances (1), nous nous plaisons à l'avouer, que fit pour les colonies l'autorité suprême, qui n'avait pas encore été influencée par le féodalisme des colons, portaient en elles-mêmes l'empreinte d'une prévoyante sollicitude; et, malgré qu'elles eussent à statuer sur des objets étrangers aux coutumes de l'Europe, il y régnait un fond d'équité inséparable des lois qui émanent directement du trône.

Si l'esprit de ces sages institutions eût été respecté, et qu'on eût édifié sur leur base les accessoires administratifs, en se conformant toutefois aux besoins du siècle, on aurait évité

---

(1) Édit du roi de 1642, article XIII : «... Voulons et ordonnons que les descendans des Français habitués esdites îles, et même les sauvages convertis à la foi chrétienne et en feront profession, soient censés et réputés naturels Français, capables de toutes charges, honneurs, successions et donations, ainsi que les originaires et régnicoles, sans être tenus de prendre lettres de déclaration ou naturalisés. »

les fausses interprétations qui, en rendant louches et ambiguës les lois dont le sens était le plus clair, n'ont fait que favoriser les empiétemens astucieux de l'iniquité. Mais au lieu d'élaguer de ces ordonnances ce qui avait pu devenir défectueux par la succession des temps, on les a rendues méconnaissables par des additions pernicieuses et souvent contradictoires; de sorte que l'on n'a aujourd'hui qu'un amalgame incohérent de jurisprudence, qui semble fait pour prêter un nouvel appui à la chicane, et ouvrir la voie à toutes sortes d'exactions.

D'après ces premières ordonnances (1) les colons et les hommes de couleur libres affranchissaient de droit une esclave en l'épousant, et lui transmettaient, ainsi qu'aux enfans, leurs droits et leur fortune (2). Ils avaient en outre, les uns et les autres, la faculté de tester

----

(1) Voir l'ordonnance de 1685, art. IV, IX, LVI, LVII, LIX, etc.

(2) Par une ordonnance de 1777, les nobles qui avaient épousé des femmes de couleur, continuaient de transmettre à leurs enfans le titre de *blancs*, il est vrai; mais ils furent privés de la faculté de leur transmettre leurs titres de noblesse; ce qui avait eu lieu auparavant sans difficulté, surtout jusqu'en 1704.

en faveur des enfans qu'ils avaient eus hors de mariage, et même en faveur de la mère, fût-elle esclave. Rien de tout cela n'existe de nos jours. Par les mêmes ordonnances, les colons et les hommes libres pouvaient réciproquement hériter les uns des autres; mais, par un arrêté de 1726, arrêté qui a été sanctionné de nouveau par le conseil souverain, lorsque le code fut proclamé dans nos colonies, les *gens de couleur libres* furent privés du droit d'hériter des *blancs*, tout en conservant celui de tester en leur faveur (1).

Mais comme les lois, ainsi que le démontre l'expérience, n'obligent les hommes qu'autant qu'elles sont basées sur la justice, et conformes aux vœux de la nature, *l'homme blanc*, qui n'a pas été endurci ou dégradé par le préjugé, fait tous ses efforts pour soustraire ses *enfans de couleur* aux rigueurs de l'arrêté cité plus haut. Il emploie donc le seul moyen qui lui reste, et qui consiste à déposer entre les mains de *l'homme de sa classe*, dont la probité lui inspire le plus de confiance, les bienfaits qu'a-près sa mort il destine à une famille infortu-

---

(1) Voir une délibération du conseil du 7 novembre 1805, art. III, ainsi que la déclaration du roi de 1726.

née que les lois lui ordonnaient de méconnaître. Mais ce n'est qu'en tremblant qu'un père abandonne à autrui le sort de ses enfans. Les nombreuses infidélités dont il a été témoin, les victimes qu'il a vu dépouiller impunément par d'iniques mandataires, viennent l'effrayer sur l'avenir des siens. Tout redouble ses alarmes à l'instant même d'aller paraître devant l'Éternel, où il rendra compte de ce qu'il a fait pour ceux qui lui doivent l'existence. En effet, que de blancs n'a-t-on pas vus aux colonies, non seulement détourner à leur profit le dépôt sacré que leur avait confié un père mourant, mais ravir encore la liberté des victimes dont ils s'étaient approprié la fortune !

Parmi les nombreuses infidélités dont se sont rendus coupables les mandataires des *fidéi-commis*, nous n'en citerons qu'une seule; elle est devenue publique par un arrêt, ainsi nous ne craignons pas de la rapporter.

Un riche célibataire avait deux filles naturelles. Cédant à l'impulsion de son cœur, il voulut leur faire du bien, ainsi qu'à une négresse, mère de l'une d'elles.

Mais il ne put, d'après l'édit que nous avons cité, leur léguer directement ses bienfaits. Il choisit donc celui de ses amis dont l'intégrité paraissait le mieux reconnue. Il l'institua son légataire universel, sous la condition bien expresse qu'il donnerait la liberté aux trois personnes dont il vient d'être question, et qu'il leur remettrait fidèlement les bienfaits que leur destinait un ami, un père mourant. Le légataire universel jure d'accomplir toutes les obligations qu'on lui impose, et recueille la succession du défunt, même au préjudice d'un cousin. Il n'exécute aucune des conditions qui lui avaient été dictées à l'égard de ces trois femmes, meurt et transmet à son frère sa fortune, celle de son ami, et les trois malheureuses qui étaient encore dans la plus cruelle incertitude. L'avidité de ce dernier ne les y laissa pas long-temps. A peine entré en jouissance, il s'adresse à l'autorité, et sollicite l'autorisation de les vendre à son bénéfice aux enchères publiques. Il l'obtient, et à l'heure qu'il est, ces trois victimes gémissent dans la servitude et l'opprobre, et courbent un front humilié devant leur orgueilleux spoliateur (1).

A quelle législation peut-on comparer cette barbare dispensation des droits? A quelle

____

(1) Voir une décision coloniale du 28 juin 1808.

époque faut-il remonter pour en trouver des exemples semblables, si ce n'est dans ces temps horribles où la féodalité se faisait gloire de ses violences, et se parait impudemment des dépouilles du faible? Ah! qu'il nous soit permis d'espérer des jours plus heureux, d'espérer que l'on arrêtera enfin le cours de ces iniques spoliations, et que, tout en s'occupant du bien-être des colons *blancs,* on ne méprisera pas les justes plaintes *des gens de couleur libres.* Nous en conjurons *l'auguste dispensateur* de l'autorité suprême, en qui notre confiance est aussi grande que notre amour pour sa personne sacrée. Nous en conjurons celui qui fait bénir son nom à trente millions de Français, et admirer sa sagesse au reste de l'univers.

Le lecteur ne pourra sans doute s'empêcher de demander quelles sont les fortes raisons qui nécessitent le maintien d'ordonnances aussi rigoureuses et aussi contraires à la justice et à l'humanité. On redoute que les *gens de couleur libres* deviennent puissans et heureux; voilà la seule qu'on ait à donner. Pour les tenir plus sûrement dans la misère et l'opprobre, on a fait des lois qui les excluent de toutes les professions honorables ou lucratives. Ainsi, un homme de couleur ne peut être avocat, no-

taire, médecin, chirurgien, pharmacien, orfè-
vre, horloger, charpentier, menuisier, ser-
rurier, maçon, etc., etc., etc.

Les injustices et les vexations, dont on les
accable, ne se bornent pas à cela : il ne leur
est permis que de vendre en détail ce qu'ils
achètent en gros ; mesure pleine de pré-
voyance, qui les empêche de faire d'heureuses
spéculations. On a encore porté plus loin le
désir de les humilier : on a été jusqu'à faire
des lois somptuaires par lesquelles un genre
particulier d'habillement leur est prescrit, et
des amendes leur sont infligées lorsqu'ils ne
s'y conforment pas exactement (1).

La plupart de ces ordonnances sont tombées
en désuétude, il est vrai ; voici comment : Les
Anglais, s'étant emparés de la Guadeloupe et
de la Martinique, soit par politique, soit par
humanité, jugèrent à propos de contribuer au
bien-être des *gens de couleur libres,* qui,
pleins d'activité et d'intelligence, profitèrent
rapidement de l'occasion. Les uns embrassè-
rent donc une partie des professions qu'il leur

______

(1) Voyez les ordonnances du 3 janvier 1720, du
7 septembre 1754, du 31 juillet 1765, et du 1er novembre 1809.

avait été jusqu'alors défendu d'exercer , et les autres firent des entreprises commerciales qui leur réussirent; enfin l'aisance naquit tout-à-coup parmi eux. Quant aux lois somptuaires, elles cessèrent d'être exécutées, du moins en grande partie, ainsi qu'on doit le supposer.

Lorsque ces colonies furent rendues à la France, les *privilégiés* auraient voulu , nous n'en doutons pas, faire revivre toutes les ordonnances dont les *gens de couleur libres* avaient secoué le joug. Mais l'habitude exerçait déjà un si grand ascendant, qu'ils furent probablement effrayés des funestes conséquences qu'entraînerait toute mesure violente.

Ainsi, nous l'avouons, la plupart des ordonnances dont se plaignent les *gens de couleur libres* ne sont pas toujours exécutées, quoiqu'elles existent de droit. Mais pourquoi ne pas les anéantir, puisqu'on peut les violer impunément? Pourquoi laisser subsister un épouvantail de lois dont on redoute à chaque instant l'arbitraire exécution?

Si, quittant les villes, nous nous transportons dans les campagnes, nous n'y trouverons pas moins d'abus. Rien n'y protège l'homme de couleur libre. Sa propriété convient-elle à un *colon blanc*, il doit la lui céder ou s'attendre à voir ses champs impunément ravagés. C'est alors qu'abandonné des tribunaux, et semblable au frêle roseau, il est obligé de plier à tous les vents des ambitions locales.

Enfin les annales de nos colonies ne sont remplies que d'actes arbitraires, de vexations et de crimes impunis des *privilégiés*. Parmi cette foule de faits, qui déshonorent l'humanité, nous en citerons deux ou trois pris au hasard.

On n'a pas encore oublié ce *colon* brutal et avide qui, convoitant la propriété d'un *homme de couleur libre*, la fit ravager impunément par ses troupeaux, sous prétexte que ses offres d'achat avaient été refusées, et le réduisit pour ainsi dire à la mendicité.

Tout le monde sait qu'un *commandant* de quartier a fait rayer un jeune homme de la compagnie dans laquelle il servait depuis sept ans, pour obtenir la liberté; que le même jeune homme, s'il veut devenir libre, doit se soumettre à huit autres années de corvées et d'épreuves. Quel crime avait-il donc commis, pour être ainsi privé du fruit de sept ans de travail? Sa mère infortunée avait une génisse pour toute fortune, et avait refusé de la vendre à une *privilégiée*, parente du susdit *commandant*.

Parlerous - nous de cet *homme de couleur libre* assassiné dans une assemblée nombreuse par un *blanc*, sans motif, ou du moins sans provocation, et qui, du fond de son tombeau, nous apparaît comme un nouvel *Uri?* Comment l'assassin a-t-il été puni? Après une année d'absence, il est rentré chez-lui en triomphateur, et a été revêtu plus tard de la charge de commissaire-commandant de son quartier.

A quelle cause attribuer toutes ces atrocités? Aux lois d'exception, nous le répétons, par lesquelles on opprime les *gens de couleur libres*. Mais, nous dira-t-on, en 1805 le Code français a été introduit à la Guadeloupe et à la Martinique. Pour la caste privilégiée, oui sans doute; mais les *gens de couleur libres* n'y participent presque à aucun de ses bienfaits. Au reste, veut-on savoir comment la justice est administrée à leur égard? nous allons citer des exemples.

Une femme de couleur, nommée Sophie, ayant obtenu sa liberté, ainsi que celle de ses enfans, usa des droits que son nouvel état lui donnait. A force de travail, d'intelligence et d'économie, elle put acheter une propriété que des contrats de vente bien stipulés, bien cimentés, devaient lui assurer irrévocablement.

Mais on va voir comment les choses se passè-
rent. Le colon qui avait accordé la liberté à
Sophie, en se conformant à toutes les forma-
lités voulues, étant mort, un cousin vint pour
en recueillir la succession. Sa sordide avidité l'engagea à réclamer la propriété que
cette femme avait achetée depuis qu'elle
était libre, et même du vivant de son ancien
maître. On s'imagine que la cour de justice
rejeta une demande aussi inique que révoltante; pas du tout : elle conclut que Sophie,
n'ayant pu, depuis qu'elle était libre, gagner
assez pour acheter ce qu'elle possédait, elle
avait dû nécessairement voler son ancien
maître pour faire cette acquisition. Ainsi la
cour de justice, par un arrêt aussi inattendu
qu'inexplicable, dépouilla cette malheureuse
de sa propriété, et la donna à celui qui
ne put la recevoir qu'en violant toutes les
lois divines et humaines. L'infortunée mou-
rut quelque temps après de chagrin et de misère, et ses enfans sont réduits à la mendicité.
Nous le demandons, où est l'article du Code
qui prescrit à un tribunal de rechercher par
quels moyens un individu quelconque a pu
faire des achats?

Mais si le lecteur allait supposer que le tribunal, ayant consulté la voix publique, ne dépouilla Sophie de sa propriété qu'après s'être convaincu, par la déposition de témoins oculaires, qu'elle l'avait acquise par des voies injustes, le fait suivant le tirera de son erreur.

Une *femme libre de couleur* acheta, il y a 30 ans, une propriété foncière, qu'elle paya exactement, et de laquelle des contrats stipulés en bonne et due forme lui assuraient la tranquille possession. Elle en jouit en effet sans contestation, et la laissa en mourant à sa fille qui ne fut également inquiétée en aucune manière, et qui, à son tour, la transmit à ses enfans. Mais les choses changèrent alors de face. Un *blanc*, chargé d'une tutelle par un motif que nous ne voulons pas approfondir, eut l'ingénieuse idée de les attaquer en déguerpissement. Il donna donc pour prétexte que leur aïeule n'avait pu acheter une propriété qu'avec l'argent qu'elle avait sans doute soustrait au grand-père de ses pupilles, avant que celui-ci l'eût affranchie. Ainsi il demanda que cette propriété fût adjugée *aux enfans blancs mineurs* qu'il représentait. On suppose qu'une assertion aussi gratuite, assertion qu'il était impossible d'étayer de la moindre preuve, et qui flétrissait la mémoire d'une femme descenduc dans la tombe depuis 25 ans, dût attirer au moins des réprimandes à celui qui en était l'auteur, d'autant plus qu'il existait des titres authentiques par lesquels rien ne pouvait priver ces *enfans de couleur libres* d'une propriété dont leurs ancêtres avaient joui pendant 30 ans sans contestation quelconque. Qu'arriva-t-il? l'homme à *priviléges* fit annuler ces titres, s'empara de la propriété au nom de ses pupiles; et les *héritiers légitimes*, qui ont été dépossédés, finiront indubitablement leur existence dans la misère et les larmes.

Mais les abus révoltans sur lesquels nous avons à gémir ne se bornent pas à ceux que nous venons de retracer. Il existe dans nos colonies des milliers d'individus de *couleur*, placés dans une catégorie d'esclavage et de liberté vraiment effrayante (1). Combien n'a-t-on pas vu de ces *demi-libres* qui, pour n'être pas vendus par le gouvernement en qualité

____

(1) Les enfans issus d'un homme libre et d'une femme esclave sont libres par cela même qu'ils n'ont point de maître. Cependant ils sont censés être esclaves tant que le gouvernement n'a pas ratifié leur liberté, et peuvent par conséquent être vendus comme *épaves.*

d'*épave* (1) , sont forcés de se faire inscrire parmi les esclaves d'un homme libre, dont la mauvaise foi lui ravit souvent les moyens d'obtenir la liberté , ou la mort le livre à un héritier qui , foulant aux pieds les lois de la justice et de l'humanité, s'arroge le droit de les vendre comme esclaves, lui et ses enfans.

Les *semi-libres* ont deux voies, il est vrai, pour obtenir du gouvernement la ratification de leur liberté; l'une, consiste à l'acheter, et l'autre, à servir pendant huit ans parmi les pionniers, d'où sont nécessairement exclus les enfans, les vieillards et ceux qui manquent de protecteurs? Mais comment l'acheter cette ratification. Elle coûtait 600 livres coloniales sous M. Béhague; et si le général Rochambaud réduisit cette somme, elle fut, par une ordonnance ministérielle de 1805, non-seulement fixée de 1,500 à 4,000 livres, mais, qui plus est, d'après cette même ordonnance , le capitaine-général Vilaret-Joyeuse, au mépris des choses faites et exécutées, annulla toutes les li-

____

(1) On appelle *épave* celui qui n'a point de maitre, et dont la liberté n'a pas été ratifiée. Le gouvernement fait vendre à son bénéfice les personnes qui sont dans cette catégorie.

bertés obtenues sous le général Rochambaud; libertés qu'avait respectées le gouvernement anglais, et qu'avait sanctionnées un laps de treize années ; et tous ceux à qui il fut impossible de donner les 1,500 ou 4,000 liv., furent vendus comme *épaves* aux enchères publiques.

On suppose sans doute que cette rétribution exorbitante n'a été créée que par des vues politiques. Mais, était-il bien éclairé ce gouvernement qui, en s'opposant à l'émancipation des *gens de couleur*, se privait des ressources industrielles et financières qu'il aurait infailliblement trouvées chez une classe laborieuse, qui, liée par la reconnaissance, se serait entièrement dévouée à sa cause, et aurait puissamment contribué à sa prospérité ?

Si de ces graves considérations, nous descendons aux réglemens de la police subalterne, nous y verrons dominer le même esprit de haine et d'injustice, et beaucoup plus de petitesse et de ridicule. Une police malveillante et souvent perfide y épie jusqu'aux démarches les plus insignifiantes des *gens de couleur libres*. Si nous disions qu'il est défendu de les qualifier de *sieur* et *dame* (1), et qu'il ne leur est pas permis de se réunir en

____

(1) Voy. l'arrêt du conseil souverain du 6 nov. 1781.

famille, de rire, chanter, danser, célébrer un mariage ou une naissance (1), sans la permission du procureur du roi, on ne verrait que du ridicule dans une mesure aussi étrange. Mais on sera forcé d'y voir autre chose, lorsqu'on saura qu'il y a une amende de 300 liv. et contre celui qui aura proposé la réunion, et contre le maître de la maison où elle aura eu lieu, et une de 100 livres contre chacun des assistans. Comme il est des personnes qui pourraient s'imaginer que les *gens de couleur libres* sont traités avec indulgence dans ces circonstances, ainsi que dans d'autres, nous leur dirons qu'il existe une dépêche ministérielle de M. le comte de la Luzerne, du 3 juillet 1788, qui ordonne aux administrateurs de la Guadeloupe de mettre fin à l'avidité des *juges*, qui imposent des taxes exorbitantes et s'attribuent la plus grande partie du produit des confiscations.

Si nous continuons à nous occuper des odieuses distinctions auxquelles les *gens de couleur libres* sont condamnés, nous les verrons exclus de certaines places, de certaines pro-

____

(1) Voyez l'ordonnance de 1783, et celle du capitaine-général Vilaret-Joyeuse, sur la police.

menades publiques; nous les verrons relégués dans les salles de spectacles parmi leurs domestiques, avec qui il leur est cependant défendu de se trouver en public, sous peine de fortes amendes; de boire ou manger, s'ils sont esclaves, sous peine d'être chassés de la colonie. Si du spectacle nous entrons à l'église, nous y verrons nos *humbles* et *pieux privilégiés* étaler leur morgue jusqu'aux pieds des autels, et n'en permettre l'approche aux *gens de couleur libres* qu'après s'être retirés euxmêmes. Mais sortons du lieu saint, et transportons-nous sur le champ de bataille colonial; nous y verrons *les gens libres*, qui forment la majeure partie de la milice, voler où le danger les appelle, combattre vaillamment, recevoir de graves blessures, se traîner jusqu'à la porte des hôpitaux, et en être impitoyablement chassés par les *privilégiés*, qui seuls y sont admis, et dont ils viennent de défendre les propriétés.

On serait presque tenté de s'imaginer qu'une classe qui est traitée avec tant d'injustice et de mépris, qu'une classe qui est exclue des lieux d'agrément et des établissemens utiles ou bienfaisans, ne paie aucune contribution. On ne sera donc pas peu surpris d'apprendre que lés *gens de couleur libres* possèdent de vastes propriétés, font de grandes opérations commerciales, et ne sont pas les moins fortement imposés.

Nous venons de révéler des faits d'une injustice révoltante; nous aurions désiré n'avoir eu aucune plainte à faire contre les *privilégiés*, d'autant plus qu'il est parmi eux plus d'un homme de bien qui gémit sur le sort des *gens de couleur libres* (1). Mais, nous avons

---

(1) M. DUBUC-DUFFERET (André), *capitaine de frégate en retraite, chevalier de St.-Louis, propriétaire à la Martinique*, vient de publier un projet d'amélioration coloniale, remarquable par la justesse des vues et la lucidité des idées. Dans cet opuscule, il s'élève contre cet ordre de choses qui met les intérêts privés en opposition avec les sentimens de l'humanité.

Il propose une caisse d'amortissement destinée à racheter des esclaves qui seraient, immédiatement après, déclarés libres par le gouvernement. Il cite l'article 59 de l'ordonnance de 1685, qui accorde aux *affranchis* les droits et prérogatives dont jouissent les *colons blancs*. « Pourquoi, dit-il, refuserait-on sous le prince le plus éclairé de l'Europe, ce que Louis XIV jugea à propos d'accorder? »

M. Dubuc-Dufferret a géré, pendant 16 ans consécutifs, sa propriété à la Martinique. Il a eu à son service des charpentiers européens, des ouvriers créoles

dû déchirer le voile qui cachait tant d'iniqui-
tés, afin que le gouvernement, sentant la nécessité d'en arrêter le cours, anéantit cette
monstrueuse nomenclature d'ordonnances tout
à la fois contraires au bien général et outra-
geantes envers les particuliers; ordonnances
qui ne sauraient continuer d'être applicables
aux *gens de couleur libres*, sans qu'on violât
à leur égard tous les droits de la nature.

Ainsi, il résulte de tout ce qui précède que
le gouvernement doit, dans sa justice et sa sa-

---

de toutes espèces, et n'a eu aucun sujet de méconten-
tement ni des uns ni des autres. (La raison en est fort
simple, c'est que M. Dubuc-Dufferret est plein de
droiture et d'humanité.)

Il propose, en outre, que le gouvernement ratifie sans
frais les émancipations faites par les colons; qu'on
établisse des écoles gratuites pour former les jeunes
affranchis; que toute punition corporelle soit abso-
lument défendue à l'égard des esclaves. Enfin, après
avoir présenté quelques autres vues administratives,
et fait sentir que les intérêts des colons ne sauraient
être compromis « si nos colonies étaient cultivées par
» des mains affranchies et intéressées, non-seulement
» à en maintenir, mais à en accroître la prospérité. »
M. Dubuc termine ainsi :

« Comme je suis particulièrement intéressé à la
» conservation des colonies françaises, les catastro-

gesse, leur donner une législation conforme
à leurs mœurs, appropriée à leurs besoins, et
digne du siècle qui a vu proclamer la *Charte*.
Les *gens de couleur libres* s'adressent donc
avec confiance au gouvernement de *Sa Majesté*, parce que leur conduite a toujours été
irréprochable, quoiqu'on ait tout fait pour les
pousser au désespoir. Ils osent lui représenter,
comme un point essentiel et indispensable à
leur bonheur, que l'exécution des nouvelles
lois ne soit confiée qu'à des hommes probes,

» ples dont la Martinique est depuis quelque temps le
» théâtre, me font *une loi* d'avertir publiquement,
» d'après mon expérience du caractère de l'Africain,
» que ce ne sera jamais par la *sévérité* du régime et
» par des *supplices* que l'on parviendra à lui faire
» vouloir la *prospérité* de son *maître*; l'on y réussira
» bien plus efficacement en le faisant participer, par
» les moyens que j'indique, ou par d'autres analogues,
» aux profits d'une administration *juste* et *paternelle*.
» Le succès serait bien plus assuré si le gouvernement
» français, *s'éclairant sur ses véritables intérêts*, rela-
» tivement au commerce et aux colonies, sentait en-
» fin qu'il lui est bien plus *avantageux* de les *enrichir*
» que de les faire servir de *proie* à une avide et aveu-
» gle *fiscalité*; car ce ne sera jamais avec des colonies
» pauvres que le commerce national fera de *bonnes*
» *affaires*. »

honnêtes et désintéressés, amis de l'ordre et ennemis des vexations; et que les délégués de l'autorité n'aient à regarder les *gens de couleur libres* que comme de fidèles et loyaux sujets, qui, supportant les mêmes charges, et concourant de toutes leurs facultés à la prospérité de la mère-patrie, doivent jouir sans restrictions de tous les droits civils et politiques que la Charte accorde à tous les Français.

Au reste, sur quoi s'appuierait-on pour leur refuser la justice qui leur est due? Viendrait-on nous répéter encore que la puissance des rois s'accroît de l'oppression des peuples? Et c'est en France que l'on oserait tenir un pareil langage! en France, où un roi ne se dit heureux que du bonheur de ses sujets!. On cherche, nous le savons, à effrayer le pouvoir; on cherche à lui persuader que nous perdrons nos colonies à l'instant où les *gens de couleur libres*, possédant les droits qu'ils réclament, se glorifieront du titre de *Français*, et pourront, d'une hémisphère à l'autre, bénir le nom du monarque qui les aura affranchis des distinctions avilissantes auxquelles ils sont comdamnés! Nous ne répondrons pas à ces *prévoyans conseillers*; l'absurde se réfute de soi-même.

Les *gens de couleur libres* de la Martinique et

de la Guadeloupe, unis d'opinion, courbés sous le même joug, en butte aux mêmes outrages, et soupirant également après un meilleur avenir, ont enfin rompu un trop long silence. Ils pensent que les divers représentans nommés par les comités coloniaux, ont dérobé au gouvernement la connaissance de leur véritable situation, et ne se sont occupés en tout que des intérêts des *colons blancs*, par qui ils étaient choisis. Ils auraient désiré faire présenter au Roi une supplique signée d'eux tous; mais, craignant que les réunions qu'auraient nécessité une semblable démarche ne fussent mal interprétées, et ne fournissent de nouvelles armes à la malveillance ou à la calomnie, ils se sont contentés de publier cet exposé, persuadés que, de quelque manière que les plaintes arrivent aux pieds du trône, elles fixeront les regards d'un prince éclairé, juste et magnanime.

FIN.

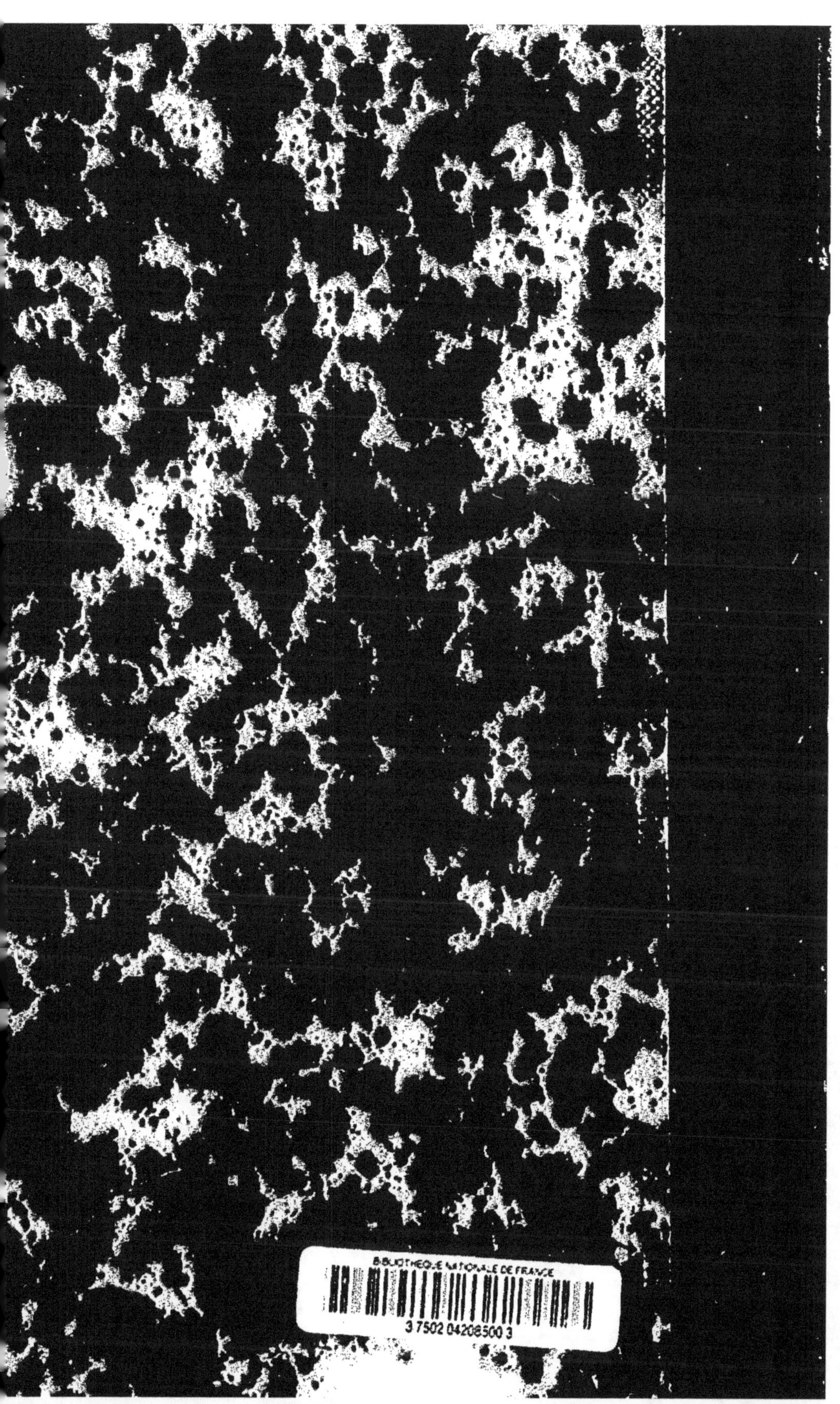